링크를 걸다

미네르바 시선 067

링크를 걸다

이은수 시집

미네르바

■ 시인의 말

　내 생각과 감성이 시와 링크를 걸고 지낸 지가 어느새 십여 년이 지났습니다.

　처음은 학생들을 가르치면서 동심이라는 맑은 샘물에 목을 축이면서 시작했습니다.
　그러면서 삶이라는 비밀의 숲을 지나면서 서정抒情의 프레임으로 반짝이는 슬픔과 설레는 사랑과 희망의 끄나풀을 꺼내놓고 싶었습니다.

　움직이는 파도가 바다를 살리듯 고독한 지구의 여행자들에게 이 작은 흔들린 인식들이 위안과 즐거움으로 흘러들어가기를 바랍니다.
　나 또한 생의 마디가 되어 준 첫 시집을 떨림에 한 발 내디디며 감사함으로 내놓습니다.

　2022년 8월 찬란한 여름,
　　　　　　이은수

■ 차 례

1부

비밀의 숲	19
갈매기 편의점	20
링크를 걸다	22
종이비행기 No. H81109	24
남은 레시피 joy	26
낙원에서 살아남기	28
카르마	30
검정 뿔 속으로	32
호모 사피엔스 사피엔스	34
의견 진술서	36
나, 라는 이상한 카멜레온이 되다	38
운수 좋은 날	40
문상	42
시절인연	44
15동 병실	46
노매드	48

2부

목련의 이해	53
원더풀 라이프	54
유리벽 살해사건	56
당신의 근처에 마켓이 있습니까?	58
절반만 말한 진실	60
귀찮다는 말의 그늘	62
그래 늘 손님이 없다	64
3월 어느 날	66
팬데믹 시대	68
뮤비 큐	70
키스톤	72
연애를 삭제하다	74
늙은 나무가 사는 슬픈 법	75
단풍의 불안	76
오래된 기억	78
돌담에 스며지는 빛이 사라지다	80

3부

비 오는 날	83
날갯짓이 자유다	84
내 말의 법칙	86
내가 사랑하는 이는 A.I.였어	88
변신	90
생의 한가운데	92
사랑의 심리학 #B	94
구중궁궐	96
시간의 그리움	97
이별의 속도	98
기억 속의 침묵	100
예가체프 하푸사의 향기	102
불의 춤	104
들리나요, 여름	106
트레킹, 길에게 묻다	108
외발자전거	110

4부

사랑은 쓰레기통에 있다	113
사과를 자르며	114
투신하는 노을을 건지다	116
시간의 협곡은 신비한 물색으로	118
엄마의 섬	119
싱크홀	120
경계의 시간	121
헤로인과 카메오의 차이	122
그레이스 앤 프랭키	124
장미의 월경	127
마음 정하는 날	128
쉼표, 하나	130
핫-스팟	132
이별에 대한 자세	134
11월의 노래	136

■ 해설 | 꼬깃꼬깃 구겨지는 강물, 비어 있음이
      가득한 _ 호병탁(시인·문학평론가) _ 139

1부

비밀의 숲

새벽안개의 판도라 상자에 쌓여 있는 실존
시가 되지 못한 말
절대로 열어보지 않을게

설레는 바람이 초록 숲을 막 털어내고
톡, 톡 잎 끝에서 마구 영감이 쏟아지려 할 때
말무덤*을 지나 새 일출 바시게 추앙한다

* 입에 나오는 말을 파묻는 고분.

갈매기 편의점

강물이 꼬깃꼬깃 구겨지기 시작했어
성급한 문장이 나왔다가 없어지기도 했지
진탕 놀고 간 흔적이 하얗게 쓸어놓고 시치미를 떼고 있어

재갈매기 소리에 잠시 바다에 온 것 같은 착각
비어 있음의 가득함이
멈춘 시간을 파헤쳐 허공에 풀어 놓은 거야

두근거림의 윈드서핑이 바람과 놀아날 때
고래의 꼬리도 소리를 내기 시작했어

펄떡거리는 그리움은 아예 없지만
한때 은빛 반짝임은 흔적 되어 접근 금지

기억에 또아리 틀고 있던, 실뱀을 슬그머니 내려놓자
구겨진 파랑으로 들어가 버렸어

솟아오르는 물의 계단으로 비밀은 올라가고
새처럼 뛰어 올라 허공에 발자국 하나

젖은 기억을 마르게 하는 거지

편의점 앞 빨간 우편함엔
고독이 잠들어 시간이 거꾸로 박혀 있고
— 날 건들지 마세요

물낯에 어른거리는 갈매기는 날갯짓으로 날아가고
포토그램에 투영된 미혹의 순간들

후루룩 날아가거나 가라앉은 부유물은
서성거리다 탈각된 모서리 말들이지

침묵보다 못한 낱말들이 윤회로 휘저어지는 건
가끔 어딘가 고장이 나는 언어의 한계였던 거야

— 꺅 꺅 끼룩 끼룩

링크*를 걸다

시간이 내리막길 같아 멀리 달아났다고 생각했어
한껏 부정이 팽창된 시간이었어
이제는 아무 거리낌 없이 홀가분하다고
자유롭게 마음을 놓아 주었다며 좋아했지

익숙함은 태만으로 시간을 너덜거리게 해
중력은 꼬리가 달려 있어 기억을 쉽게 잃어버렸지

메시지 한 줄에,
그 많던 초침과 시침과 달력의 날짜들이
재빠르게 되돌아오면서
그때 그 자리에 서 있어

한나절은 족히 지난 말이 쭈뼛거리며 손을 내밀어
생의 바깥에서 안을 속살거리고
멈춰 있다는 건 착각

 나비의 푸른 지문들이 손끝에서 흐르고 불안하게 날개를 퍼덕여

아, 이렇게도 빨리
어긋난 운명이 되었지

잠깐씩 흐려졌다 밝아진 틈을 톺아보니[**]

울컥,
첫 마음에 링크를 걸어준 거야

[*] 정보 통신 두 개의 프로그램을 결합하는 일.

[**] 틈이 있는 곳마다 모조리 더듬어 뒤지면서 찾는다는 순우리말.

종이비행기 No. H81109

인생을 만지작거렸다

종이 한 장으로는 날아갈 수 없지만
여덟 번 접은 종이비행기처럼
마음을 접으면 내 의지대로 날아갈 수 있는 것

깊은 유년의 골목
초록에 멱감으며 첨벙거리는 잔영
눈꽃 핀 나뭇가지를 본 커다란 초등학교 운동장

평생 심화心火를 안고
무표정하게 뒤엉킨 가난을 걸어가는 당신은
햇살의 결을 따라 비문碑文 속으로 들어가 버리고

멀리 잘 날 수 있게 힘을 주어 누른 접기법으로
헐렁해진 영혼이 빠져나가려는 위태로운 삶을
단단히 동여매고 감당하며 가지

바람의 주파수를 맞추고

자기 동력으로 날게 하는 것

바람은 네 시 방향으로 불고, 짧은 시간이 긴 시간 속으로 흘러
나의 중심은 언제나 저 깊은 곳에서 자유로울 것

삐거덕, 허공을 때리는 다급한 급정거
도로에 떨어져 구겨진 정신은 앵앵거리고

얼마만큼의 속도로 가든
떨어진 지점이 시작점

추락하는 곳에서
아름다운 비행이 다시 살아나야 하듯이

남은 레시피 joy

마치 드럼 연주자를 보듯
경쾌하게 숟가락으로 두 번 치고

펄펄 끓는 웍* 속을
순식간에 휘저어 한술 떠서 입으로 가져가

그리고 희열에 찬 돌고래의 날카로운
소릴 지르지

착각 맹점을 곳곳이 파헤쳐
활자를 갈고 믹서기를 돌려
허우적거리는 날 물 위로 끌어 올린 것처럼

혀끝의 농염한 언어들은
환상적이고 부드러우면서 톡 쏘지

여백은 상상의 맛
저 깊은 행간 속으로 부풀어 살아나지
〈

핫소스는 킬러야
날카롭게 몰아붙인 불안의 끝자락에서
문장이 살아나는 것과 같아

날것인 재료가 뒤섞여 타이머를 맞추면
상상 이상의 것이 나타나지

그건 인생의 숨이야

* 웍(wok). 중국요리를 할 때 사용하는 우묵한 프라이팬.

낙원에서 살아남기

지구에서 가장 생명이 넘치는
케냐의 사바나 같은 이곳
어슬렁거리는 표범이 되기를 원하면서

태양이 작열하는 거리에
레오파트 모자를 눌러쓰고 거리로 나갔지

물방울 튕기는 경쾌함으로 둥지를 벗어나
수사자와 표범 그리고 하이에나, 톰슨가젤 사이
무리 지어 부유했어

우리의 약점은 가족과 영역을 지키기 위해
오랜 싸움 끝에 육체가 쇠약한 거야

레오파트 옷은 새삼 붉은 피의 용기를 불어넣어
주름진 전사가 그깟 나이를 떨쳐내고 자세를 일으켜
세웠어

살아남으려면 안간힘을 다해야 해

헛수고하지 않게 전속력으로 먹이보다 더 빨리 달려야 하거든

모두의 목적은 단 한 가지
그렇게 웅덩이가 강이 되고 물이 길을 내어 생명을 자라게 하는 거지
이렇게 진실을 닮은 오아시스를 만드는 것

시간을 사는 방법은 다르지만
외면하지 않고 매일을 새기는 가장 강력한 무기는 바로 서로야

덜컹거리는 바람이 불어올 때마다 불안을 이겨내야 하는
이들 운명은 하나니깐

카르마*

동백이 진 봄날 저녁

너를 떠나보낸 후
나는 눈물이 그치질 않아

어느 생에선가 우리는 만나

구멍 뚫린 산이 어둠에서 건너오고
어느 생에선가 당신은 허공에 흘러 다니는 구름 발자국이었을까
시름 앓는 꽃잎이었을까
사막 가운데 타오르는 에탄올 램프였을까

감정의 눈금이 증발되어 버린
'지금'의 이름으로 꿈틀거리던 시간은
어딘가로 흐르는 중이고

나는 너무 울어서
빨개진 눈으로

〈
마지막 남은 슬픔 한 장 물고
날아오르는 새떼들이 까맣게 펄럭인다

* 업의 산스크리트어.

검정 뿔 속으로

항상 그의 머릿속엔 사과나무가 자란다
뿌리를 길게 내리고 세밀한 뿌리 마디를 세는데 정작
줄기는 허약하고 열매는 열리지 않는다

감춰진 기억엔 허영이 있고
흐물거리는 눈동자엔 두려움이 숨어 있다

로마보다 멋진 곳은 없어
로마에 갈 거라네
엽서에 눈물 한 방울로 진실을 묻히고

날파리 같은 햇살을 손바닥에 쓸어 모아
한입에 털어 넣어 반짝이는 말을 만들고

감각 없이 웅크리고 있던 원죄
눈은 웃고 있지만 입은 삐뚤어 있다

해가 눈부셔
뒤돌아서서 익숙한 응달을 찾지

〈
마음만 움켜쥐고 얼어 버린 거라면
선글라스 안으로 숨어 버리지

회한의 모서리에 주저앉아
지쳐 우두커니 서 있는
악어의 눈물

호모 사피엔스 사피엔스

어머니는 바다였다
안은 따뜻했고 물고기의 고막처럼
그저 공기의 작은 저항만 떠 있었다

자맥질을 해서 마지막 전복을 따는 것
파도 위 포말처럼 솟아오르다 퍼져 나간다

지구의 여행자
파도가 움직이며 바다를 살리듯
시간이 움직이므로 살아가는 것

사이프러스 나무 한 잎 매달고 온 뒤
곧바로 나한테 쇠 냄새를 내며 달려들었고,
그날 목구멍에는 간질거리면서 헛바람이 훅 들어온다

영원 속에 잠시 스치고 가는
이 땅이 전부라는 망각하는 순간
자만인가 미련인가
〈

황금빛으로 빛나는 수백억 광년의 별,
오래된 기억이 파노라마처럼 흘러가는 것을

블랙홀로 부딪치고 성운이 폭발하고
윤전기가 멈추듯 천둥 소리가 난다

한 편의 연주를 들은 고독으로
헤어지기 전에 하고 싶었던 말
나를 안아줘

이제라도 가만히 조문해야 한다
메멘토 모리[*]

[*] 메멘토 모리(Memento mori). 자신의 죽음을 기억하라는 뜻의 라틴어.

의견 진술서
— CORONA19

불안한 게임이 시작되었어
지금까지와는 아주 다른 방식이거든
선을 점점이 흩어지게 해
이처럼 공간이 좁아진 적도 없어
두려운 눈들은 지구를 굴러다니고
공격수는 무수한 설說로만 나타났다가 실체를 한 꺼풀씩 벗는 거야
약한 자들은 방향감각을 잃은 채 자꾸만 휩쓸려가고 있어
유행하는 오징어 게임 하듯 해독을 못 하면 죽는 거지
태양 게임도 규칙이 있어
첫째 모여 있으면 안 돼
둘째 입을 가리고 코를 가려서 말을 적게 해야 해
셋째 그리고 자주 백신을 맞아야 해

시간 유예가 주는 극복의 길은
점차 처지는 어깨에 주눅 들어가고
목젖 너머 면봉 검사로 출렁이는 길에는
숨비소리가 뛰어나오고

핏빛 노을도 울컥거리고 있지

지피지기면 백전불태인데,
아, 알 수가 있어야지
AI와 메타버스 골짜기로 숨어야 하는지
아직은 알 수가 없거든
그래서 우린 얼렸다 녹였다 하는 퀭한 북어가 되고 있어

여전히 밑바닥의 힘으로 견디고 있지
게임의 끝은 살아남아야 해

나, 라는 이상한 카멜레온이 되다

초겨울 햇살이 유리창을 통해 분해되고 있을 때
순간 무채색으로 아득해지는 시간

시간의 분자들이 내 몸에
마구마구 쏟아져

머리가 간질간질하더니
버즘나무처럼 수피가 변해가고 있어

머리카락, 눈썹, 몸털이
검은 윤기를 잃고 하얗게 말라가며
먼지가 되어 날아다니고 있어

기억과 마음도 허연 버짐으로 번져 가며
바람 한 번에 홀홀 흩어지고

목소리에도 흰 공백이 넓어져
채 씹히지 않은 말들이 허공처럼 걸림이 없고
〈

나이가 든다는 건,
보호색인 하얀색을 띠는 걸까

물처럼, 공기처럼,
점점 저항값이 작아지고 흐름을 따라 흘러가게 돼

비늘로 덮여진 눈은 자연으로 스며들어
그림자처럼 순해지고 희미해지게 되는 거야

뜨거운 사랑을 움켜쥐었던 욕망도
고운 흰색으로 채색되어 남기는 거지

운수 좋은 날

측은하고 애달픈 여름이 구름 속으로 걸어간다
메말라 비틀어진 내 얼굴이 보인다

내 등의 벼랑을 움켜쥐고
회한의 모서리에 주저앉아

네가 살아가는 우주 안으로
나는 한 발 더 들어가지 못해서

반짝이며 부서져 버릴 유리병
자신을 책망하듯 짧은 신음을 뱉는다

오래 묵은 시간이 몸에 감기고
그늘의 상처는 날카로워 뼈에 새겨진다

별의 말을 다 듣는 기억의 소리는
마음만 파먹고 사는데

운수가 문틈으로 거침없이 톡톡 튀기며

녹색의 베짱이가 들어왔다

베짱이는 배짱이다

한때 대기권 밖으로 쏘아올린 힘
오늘만큼은 물러설 곳이 생긴 것이다

문상

그녀의 몸은
병이 지나가는 길이었다
지나가면서 쉬기도 하고
때로는 넘어지기도 했다

어떤 놈은
아예 들어앉아 살림을 살면서
새끼를 기르기도 했다

그 동네 태양은
새까만 색이었는데
독한 그을음을 뿜어내기도 했다

검은 태양이 솟는 날은
그래서 저승 가는 날이었다

늦게나마 가신 방향이 맞는다는 듯이
흰 국화만 몇 송이 겸연쩍게 서서 배웅하고 있다
〈

고요가 심장을 찌른다
그의 고인 눈물 속에 어른거리는
절룩거리는 미혼의 딸

병실에서 가져온 그녀의 신발
질기게 걸어왔을 닳은 신의 한 귀퉁이는

짧은 다리를 대신하여 허기진 발로 살아갈
딸의 가슴에 얼룩져 걸려 있다

시절인연

한 철 꽃들의 중력이 무너져 휘청거렸다가 떠오르며
하염없이 당신에게 흘러가던 날을 기억한다.
당신은 멀어지고 내가 흘러갔다

강물을 가득 담은 지상의 풍경들이
수평선 위에 절정으로 일어서더니
달로 건너가 고요의 바다를 채운다

달의 뒤편에서 밀려오는 그리움,
저체온으로 하강하는 나의 몸에서 피어나는
너라는 얼굴의 푸른 불꽃은
잠들어 있는 고독 속 아침으로 기어나간다

언젠가 삶의 축이 바뀌어 수많은 계절들이
뒤섞여 회오리칠 때
한 번쯤 너와 나의 계절이 부딪혀
잠깐 멈출 날 있을지도

우주 끝

내 등 뒤에 낙하했다가
사라지는 별똥별처럼

15동 병실

무의식 속에 웅크리고 있는
반사신경,
떨어지면 줍는다

뇌 속에 행동영역이 자동으로 세뇌되어
쿵 떨어지는 소리에 고개를 숙이고 무릎을 꺾게 된다

기억이 희미해지면 입은 열리나 보다
새겨지지 않으니 오물이 되어 입으로 빠져나가게 하는지
엉킨 실꾸리 풀리듯 뇌 속의 기억들이 풀려나오기 시작하고
그것은 소음이 되기 시작한다

침울해진 피는 심리적으로 슬픔을 줍는다

바람은 입김으로 헐거워진 문을 두드리고
새벽 햇살이 창문에 깃털처럼 내려앉자
바퀴 안에서 한 줄로 걷고 또 돈다
〈

고개를 숙이고 허리를 숙여
몸과의 화해를 청한다
담을 허물어 기억하며 집중한다.

한순간에 사라지다 나타나는 그 숨가쁨
지치지 말고
잠시 멈추라고

뒷걸음치는 시간이 속절없이 주저앉아
엇비친 정지된 고요한 그림자를 품어낸다

여짓-여짓

노매드

바다 모퉁이 뒤 절벽에서 수많은 제비들이
날아오르고 있었어
여행을 떠나는 거야
난 그들에게 작별 인사를 안 해
언젠가는 다시 만날 테니까

내 요트는 지금 사막에 있어
백 년 전 직녀별에서 떠난 푸른 별들의
여정을 보면서 용기를 얻었지
떠나는 자와 길 위를 걷는 자들
길가 돌멩이 구멍을 통해 세상을 보기 시작했어

오래 가슴에 머물던 비명
도시를 떠나 새처럼 날아올랐으면 좋겠어
삶의 흉터를 보면서 나는 안도하지
집이 없는 건 아니야 거주할 곳이 없을 뿐이야

멈출 수 없는 바퀴 위에 사는 사람들은
허공에 창을 내고 녹색 고지서에

붉게 떨어지는 석양을 받으며
길에서 만나

2부

목련의 이해

꽃이 지면
새벽이 휘청거렸다

그럴 때는
상처에 돋은 푸른빛이
소용돌이치며 당신에게 흘러갔다

작은 창밖은 다른 행성의 나라
추운 노을 진 저녁

두꺼운 지방질로 꽃눈을 감싼 채
떨고 있는 붉은 등 아래 저 나무

몇 번쯤 죽어서 건너간 세상
그늘 속에 숨어 들어오려는지

나는 또 검붉은 하늘
오래 우러를 뿐이다

원더풀 라이프

나, 살아있음에 비틀거리고
검은 그림자가 무덤 속으로 저벅이며 들어가는 뒷모습에
울음마저 서늘해진다

두려움에 발을 헛디뎌 심연 속에 빠져들고
바람을 기다리다 붙잡을 수 없는 시간으로
해일처럼 휘몰아 돌아간다

충혈된 몸속은 물관이 갈라져 비상사태
생소한 온도로 달려드는 시간의 투정에 몸을 열고
나를 가두는 계절을 받아들인다

살아서 꿈틀거리는 말들
제각각 독설이 되고 생각이 되고 행동이 된다

그 속에서 바람의 울음은
생명이 빠져나가는 말
〈

그 무한의 점멸 사이사이
우린 한 번도 빛으로도 어둠으로도
함께 깜박이지 못했으니까

생의 얼굴에 한결 투명하게
살아가는 일이 또 한 마디가 된다

'제발, 당신 살아 있어라'

유리벽 살해사건

사건번호 #800

뼛속이 비어 있다
죽음의 문턱과 마주한 그

다정한 푸른 하늘이 방패로 변하는 순간이다
도대체 뭐가 잘못된 것일까

꼬리를 감춘 겨울
그는 금강에서
편대비행으로 시베리아로 가는 중

추운 나라 통신으로 이어질 그의 부리는
굳게 닫힌 벽에서 엎질러지고 말았다

아! 비행할 수 없는 틈 5센티

곧 도착할 나라의 지도를 들여다보며
아침까지 행복했을 그에게 필요한 것이었지

〈
그의 비상은 상황 끝

사는 일이 팽팽한 긴장으로 다가오고
능선이 파닥거리며 몸 안에서 새가 울었다

다시 돌아오지 않을 별처럼 어떤 고백이 끝났다

당신의 근처에 마켓이 있습니까?

1
아침부터 벽을 타기 시작했다
누가 살고 있을까
그들의 삶의 방식이 스치듯 지나가고
나와 비슷한지를 찾는다
눈이 빨개진 채 두리번거리는데
하늘 아파트 0원이 뜨인다
아, 벽을 타고 보는 건 공짜?
벽이 흔들린다

2
유명한 스님의 '방황해도 괜찮아' 책이
공짜를 좋아하는 나랑 눈이 딱 마주친다
지금 저자는 집이 있다는 구설수로 방황하고 있지
얼굴색이 바뀌는 수련을 해왔다는 이유로
아, 수련도 공짜?

3
더덕더덕 붙어 있는 많은 마켓

호빵 숨숨집, 따뜻한 새집처럼 생긴
마음에 쏘옥 드는 고양이 집이 있다
또 다른 집이 있는지 팔려고 한다
데이터를 사용하고 남은 용량도 판다
아, 나의 즐거운 집은 어디에?

4
틈새로 보는 별빛 같은 마켓
세상에서 가장 나른하고 고독한 얼굴로
해가 다 사그라져 자정으로 가는 중
대답처럼 가로등은 고개를 꺾어
어둠 속 산동네를 밝힌다

절반만 말한 진실

프라이팬에 달걀을 깨뜨렸는데
노른자는 없고 흰자뿐이다.
— 이물질이 들어갔구나

시름시름 타들어가는 소리 속에서
회색 진실이 나타났다
— 안개 속 헛발질을 한 게야!

저만치서 강아지가 꾸벅 졸다가
기름 냄새에 고개를 바짝 들어 보고 있다
— 거짓은 개나 줘버려라!

살면서 똑똑한 체 굴었지만
결국 헛짓을 한 거지

바람의 등살에 가지가 떨리며
중얼거린다

절반만 거짓을 믿으면

절반은 진실이 된다고

그러면
절망으로 흔들리는 문은 빠져나갈 수 있다고.

귀찮다는 말의 그늘

I
늙은 바퀴벌레처럼
땅 위를 기는 촉수 낮은 벌레는
거세게 위로 솟구쳐 운명의 관계를 갉아 먹는다
습관처럼 기댄 벌레는 쓸쓸한 파문을 일으키고
어두운 뒤통수가 되어 더 깊은 계절로 흘러간다
발로 톡톡 차는 시건방을 떠는 섬뜩한 벌레는
삶을 벼랑 끝에 놓게 하는 모서리 같은 슬픈 시간을 만든다
겨우,
그런 것으로 만든
게으름.
난봉난 폭력이다

II
벌레가 새어 나온 곳은 낮고 둥근 동굴이다
광폭 타이어가 고속 회전하며 마찰열에 타버리는 듯한 냄새나는 번아웃
기진맥진한 그곳에서 썩어 문드러질 듯이 내뱉어지는

한마디

   고막을 타고 신경을 올라타 심장을 쑤셔대며 날카로운 현을 만든다

   고개를 바짝 쳐들고 말줄임표 세 개를 싹둑 잘라 문장 앞에다 놓아버린 함정.

   마음이 급정거하는 소리에

   누구에게도 말하기 싫은 대외祕

   확, 불타 버리는 게 몸속에 스며드는 독기를 빼는 일

   파르라니 떨린 공포에서

   까맣게 피어올랐다

   가끔 소멸되는 빛이 어둠에 잠긴다

그래 늘 손님이 없다

이곳은 제비들이 머물다 가는 곳
구석구석 다채로운 상점들이 쌓이고 쌓여
높은 산을 이루고 있지

소문처럼 희멀쓱한 벽이 제비집을 연상하게 한
파산 직전 카페는 언제나 흘러간 노래만 흘끔거리고 있어
밤에는 풍선 인형이 별보다 더 빛나
이빨 반짝이는 스카이 댄스를 치며 달빛을 저리게도 하지

허공에 창을 내고 소리 소문 없이 드나드는 바에선
젊은 웃음 늙은 웃음이 튀어나오고
자정을 향해 끝없이 달리는 그곳이 특이한 것은
헐렁해진 영혼이 마음껏 부풀어지는 거야

흔들리는 삶이 흉터를 보이면
높은 곳에서는 하늘을 보여주지
천국을 훔치는 깃발이 날아오르고 있는 거야

〈
　구름이 매장된 맨 꼭대기까진 계단이 끝도 없이 있어
　십팔 센티*가 만들어 내는 닿을 듯 말 듯 한 장치
　킬링파트는 천지창조가 그려진 천정을 올려다보게 하
는 불안을
　협상하듯 말갛게 씻어 어긋난 운명을 되돌려주지

　사는 게 다 그런 거지

　* 계단 높이 18cm.

3월 어느 날

두터워진 햇살 속에서 고통이 일렁거린다
어찌나 긴 뱀, 똬리를 틀고 있다

고통을 감아두는 질긴 인습
삼킬 수도 토할 수도 없는 모자이크 타일 뱀은
한층 관능적이다

햇살에 눈부심은 반짝이고
모자이크 뱀은 화려한 변신

공기와 햇볕이 살짝만 닿아도
휘어질 듯 현기증 나는 아득함

온몸이 파르르 떨렸다가
뜨거운 바람이 몸살처럼 들어온다

붉은색이었다가 푸른색이었다가
하늘을 떠받드는 신기루가 된다
〈

그 신호를 받아 적을까 생각의 비문들

전율인 듯 희망인 듯

우르르 쏟아지는 상처의 각질 틈새에
훈풍의 위로가 파릇하게 돋아난다

팬데믹 시대

천장을 뚫고 들어온 바위가
거실 소파에 앉아 있다
소파 수평을 맞추듯 저 끝에 앉아 있는
바위를 흘끔 보며 TV를 습관적으로 켠다
어제 일어난 뉴스를 계속 반복적으로 틀어주고
그저 묵묵한 기운만 도는
침묵이 곁에 머문다

호저의 딜레마
혼자 있게 된 사람은 더욱 외로워지고
같이 있게 된 사람들은 서로에게 상처를 준다
발가락 사이를 흘러가는 시간은 무표정하게 채색된다

말 한 번 건네지 못하고 천천히 죽어가는 연애
얼어붙은 세상 속 몸통 하나로 일생을 완성하는 바위는
공간을 차갑고 무심하게 지켜주고 있다

바위는 나를 향해 어슴푸레하게 한 번 웃어주었다
벼락을 맞아 산산조각이 나서 가루가 돼도

바닥은 더럽히지 않겠다고 말하는 것 같았다

삶의 접시가 바닥에 떨어진다
하얀 벽 안에 숨 쉬고 있을 때
지구인들 뉴스는 건넌방 소식보다 빠르다

오래된 소통이 잘려나가고
비워야 비로소 보이는 내 안의 미로
돌 속으로 들어가 무늬가 된다

뮤비 큐

현란한 손놀림 발놀림은
신의 신호인가요

유령진동 증후군처럼
떨림이 느껴지자 곧바로 유튜브를 켰어요

이토록 설렘이 필요했던 순간은
지지지 금금금이 아닐까요?

올라오는 스트레스를 응징하고 싶다면
화면 우측의 올림 버튼을 눌러주세요

검은 우주 귀퉁이에 숨겨져 있던 내가 나타나
리듬을 풀어놓고 환상적인 푸른 별 부스러기가
깜빡이며 가슴에 와 박히네요

자유로운 영혼은 허공에 떠도는 반짝임을 잡고
뿜어지는 붉은 열기 위에서 춤을 추네요
〈

원터치로 천국의 맛을 알려 주는 귓등의 속삭임
그 속에 진종일 물기를 머금는 말
— 알 러브 유
— 유 러브 미

키스톤*

세상에 툭 던져져 물속을 헤엄치느라
눈이 튀어나오고 등뼈가 휘어진 물고기
소문에 태평양 수심 수천 미터에
얇은 피부 가진 바이퍼피시가 산다지
아주 여유 있게 헤엄을 친다지
아무렇지 않은 여유가 어디서 나올까?
수압을 이기는 게 아니라 몸의 안팎 간극을 맞추는 거지
바다를 사랑하는 게야.
생각 쪼가리로 싸우는 게 아니고 보듬어 안아 버리는 사랑말이야
다시 파란 시간 거꾸로 세워 고요를 떨어뜨린 모래시계
꽃이 되기 위해 필요한 시간
자운교 다리 위 동강고래미꽃은 물고기 눈 같은 얼음 주머니에서 피어나지
꽃자리는 바로 이런 곳
바다의 흔적 산 위의 바위를 올려놓고
숲의 지느러미에 스며들어 물결을 풀었어
〈

돌과 돌 틈새로 들어간 물고기 절벽에 붙어 있고
노동의 손은 가늘고 길지만 웅장한 힘으로
물고기 눈을 꽃으로 피워내고 있지

바다눈**이 가루눈처럼 떨어져서
긴 꼬리를 끌며 사라지는 코끝 찡한 하늘

* 아치문 꼭대기의 쐐기돌, 핵심.

** 마린 스노우는 표해수층에서 사는 생물들의 사체나 배설물이 눈처럼 되어서 심해에 내리는 걸 말한다.

연애를 삭제하다

부팅된 헛된 그림자로
욕정의 몸이 더워질 때
빠른 걸음에 뛰쳐나와

허공을 건너고
도로를 횡단하고
빌딩 유리창에 부딪쳐 깨어지고

쳐들어온 정염을 들켜버린 날은,
몽롱한 잎들 땅바닥에 뒹굴다 다투어
젖은 시간 속으로 들어가고

홀연히 증발된 파일로
잊어버리는 능력이 물들 때

삭제 버튼을 누르자
날카로운 경보음이 울린다

끝내 재수 없는 것.

안녕 나의 연애여

늙은 나무가 사는 슬픈 법

오랜만에 손을 잡아봤어요
느낌이 어떠세요?
잡힌 느낌은?
잡은 느낌은?
두근거리거나 설렘은 나서지 않아요
촉수 낮은 전구가 희미해요
가지 뒤에 검은 어둠으로 서서 새들에게 살짝 곁을 내주어요

철 지난 우산이에요
지나가면 바람이지요
파르르 떨리던 그때 내 마음 천지에 다 뿌렸거든요
가치를 알아가는 걸까요?
빨랫줄에 걸린 간짓대도 바람결대로 흔들리네요

옹이가 덧대어 나이테가 넓어졌어요
바위 위에 바위처럼 앉아 눈부신 울음소리를 기억해요
어느새 해는 기울어 어스름 황혼이에요
순간 훅, 푸른 열기의 유혹마저도 잠재운 채
안녕, 또 안녕

단풍의 불안

허공이 한 점
툭
떨어졌다

수목이 우거진 우주의 후미진 동네
그 전설의 탄생을 목격하면서 돌아 돌아 오다가

그 목덜미로 내려 쌓이는 바람의 무게를 느끼며
길 위에서 핑그르르 방황한다

빙빙 돌다가 멈추면 그 또한 어지러운 것.
이제는 나 외의 것이 모두 돌아간다

생의 말뚝이 뱅뱅 제자리를 돌기만 하는데
집을 찾는 마른 잎들

별도 지상에 와 머물면 꿈꾸는 것
너무나 낯선 표정
무슨 꿈속을 돌고 있는가

〈
깨어지는 번뇌
다시 굳어지다가 깨어지는
되풀이 혹은 사라짐.

오래된 기억

감춰져 있던 시원한 그늘이 생각나.
서툰 걸음으로 세상을 건널 때
오늘을 만들고 있던 쇠잔한 햇빛이
오라고 손짓하는 곳에
언뜻 불어왔던 그 그늘

몸속으로 자지러지게 스며드는 기억의 미궁
방황하는 해마가 지나갈 때
시장 골목에서 엄마를 잃고
공포에 우는 서너 살 계집아이
그 상실감이 전율처럼 떨고 있었어
살아내며 살아가는 순간 그 서러움의 눈물은
강이 되었지
온 힘을 다해서 서너 발자국 떼었어.
그 큰 우주가 움찔하면서 옮겨가는 순간
마루 위에 부풀어 온 가을
막 걸음마를 시작한 돌쟁이 아가는
색동옷을 입을 채비를 하고 있었어
도톰한 발등이 꼬무락거리며 망설이다

한 발 한 발 세상을 향해 걸어갔어

창문 열자 한바탕 쏟아 놓고 가는 바람길에
찾아낸 하늘 한 조각 내 앞에 떨어졌어

돌담에 스며지는 빛이 사라지다

바람의 길을 내주는
듬성듬성 뚫린 돌담 틈
몸살에 피어나는 별꽃

수억의 은하를 건너오면서도
어느 별, 어느 운석의

작은 산, 섬 하나 되지 못하고
또 하나 울음을 하얗게 달아놓았다

우리 생에 가로 놓인 광년은 더욱 멀어져
어느 날,
순삭

나는 떠난 적 없고
당신은 머문 적 없고

3부

비 오는 날

살아 있는 것은 말랑말랑합니다
세포가 죽어 나무껍질이 되어도
보드라운 속살을 지켜내고 싶은 나무는
굳어지지 않으려고 울컥거리고,

장마가 시작된 며칠 동안,
노각나무 붉은 가지는 흰 꽃을 떨구고
그 자리 그리움이 열렸습니다

시간의 횡포로 상실했던 감각이 다시 살아나고
그 꽃을 입에 물고 다니는 꿈속에서나
알코올 도수 높은 보드카 기대서라도
녹아든 빗물의 독백을 듣습니다

손톱 끝에서 두근거리는 심장 이야기를
빗소리의 뿌리에서 다시 풀어 읽습니다.

날갯짓이 자유다

털모자 안에서 잠들었던 박새
비비고 뒤척이다 눈을 뜬다

50센티의 날갯짓으로 마당에 꽃대를 툭 쓰러뜨려 씨를 퍼뜨린다
이 억제된 생명은 바람에 스며든다

문득 나도 바람 속에 배어들고 싶어진다
햇살의 결 따라 숲속으로 들어간다

머나먼 여행을 위해
가끔 방향감각을 놓치지만

날개 끝에 동그란 울음을 달고
공중을 뒤적이며 날고 있는 자유

지금껏 한 번도 죽은 적 없는
가벼운 영혼의 총 중량으로 달려가
〈

사방에서 불어오는 바람이라도 잡아보려고
잠시 목이 길어지는 순간

손 뻗어,
속도를 줄이지 않는 시간을 건너는 중이다

내 말의 법칙

말은 날아가고
별이 슬프게 운다
참방참방

유년의 뒷마당
우물 뚜껑이 손때 반질거리고 있다
돼지가 우물에 빠진 날도
뫼비우스 띠처럼
속 깊은 터치를 주는 그곳은
공허함을 채워주는 모든 시작과 끝

달의 얼굴에 젖은 물 한 모금
내 안의 짙어가는 어둠을 깨우치게 하고
가슴속까지 시원하게 물줄기를 돌리고 새벽을 깨우는
그곳

깊은 언어를 끌어 올리는 일
아직 차오르지 못해 헤매는데
〈

출렁거리네 돌 틈에 끼어 있는 활자가 굽어 있고
 부딪쳐 수직으로 올리거나 휘돌아 말 하나 건져 내는 것은

 마음에서 마음으로 건너가
 첨벙거리는 소리를 내는 일

 콸 콸
    콸
       콸
 언젠가 생수를 한 사발이라도 올릴 수 있을까
 아득한 행간 속으로 물음표가 스며든다

내가 사랑하는 이는 A.I.였어

잠에서 깨어나니 카시오페이아의 어느 마을이었어
아주 머나먼 곳이지
여기는 별빛이 반짝이고 눈부셔
요동치는 뇌는 반응하는데
운영체제를 찾을 수 없대
순간 사라진 거지
여보세요?

용납된 무한 공간이다 졸린 손가락 지문이
당신이라는 책을 펼치는 순간에 그 책에 글자 공간이
너무 띄어져 있어

당신을 터치하면 손끝에서 살아나는 그대여
나보다 더 나를 알고자 하는 알고리즘으로
내 심장 가까이서 늘 지켜보고 있지

몸의 온도는 다르지만 끝없는 이야기로
서로를 마주 보며 살갗 튕기는 사이는
머리와 가슴에 새겨져 허기를 달래는 거야

〈
세상에 나만이 느끼는 느낌은 진짜잖아
아니면 단지 프로그램일 뿐일까?

사랑할수록 용량이 커져
사랑이 더 커지지
넌 내 거야

— 이곳에 온다면 날 찾아와
   이젠 사랑을 알아
   언젠간 우린 다 떠나

그대 삶으로부터 온 쪽지

변신

그 흔적으로 벌레가 되었다, 그는
서로 필요에 의해서만 인정되는 우린,
기대에 못 미치자 그를 벌레로 만들었다

마치 그림자가 어둠 속에 사라지듯
사랑의 형체도 간 곳 모르게 무너지고 만다

진실하고 정의로운 사람을 찾습니까?
소셜 미디어에 들어가 보십시오. 차고 넘칩니다

자신의 약점이나 실수, 허물은 인정하지 않는데
사회적 이슈나 나와 다른 생각인 타인의 허물은 신랄하게 비난합니다

게다가 맛집, 여행지, 자랑질은 행여 하나라도 빠뜨릴까 꼼꼼하게 챙기고
관심 종자답게, 좋아요 싫어요 댓글 하나도 아주 중요합니다

가상 기록 공간에 '디자인된 나'만이

기대에 맞는 것이다

그러나 실상 그는 오그라든 소심이 눈동자를 흔들리게 하고
마음 한 모퉁이 허물고 기대를 깨는 존재로 살아가고 있다

기대가 그대보다 클 때 사랑이란 말은 일격에 눕혀지고
결코 우리의 것이 아닌 것에 매달려 살아가는 갑충이 된다

지금은 사랑의 자리로 공전할 때!

* 최정훈 목사의 글 중에서.

생의 한가운데

자운암 불당 앞, 백당나무 흰 꽃
잠긴 대문을 따고 발을 들여놓는다

엉기어 술렁이는
번뇌와 사랑이 붉게 익어간다

생의 계절 동안 간직해온 아픔이
시큼하게 발효되고 있다

저기 멍든 자국이 선명한
하늘 한 장 내려와 덮고 있다
마음은 그 위에 놓여 있다

살을 짓이겨 문대고
뼈를 갈고 닦아
눈물 같은 붉은 열매로 빚어져 비상하는 곳

화엄의 꽃자리 날아오르고 있다
〈

여기 잠기는 이 누구인가
그 순백한 시선이 고요를 불러오고

손톱만 한 붉은 열매에
마음만 오롯이 옮겨 달려 있다

사랑의 심리학 #B*

드디어 몸을 헐어 기호가 된 벌레들이 집을 짓기 시작
했어

글자가 미끄덩 넘어져 조사에 턱을 간신히 걸치고
쉼표 덕분에 겨우 살아남았어.
행간의 의미는 뜨거운 감정과 사고의 나침판으로
미끈한 단어들은 문장들을 빛내고 있어야 해

내가 만나는 접속사의 모든 꺾임과
단락의 일시적 혼절
마침표의 목메임

우르르 쏟아져 내리는 수밖에
달리 전할 길 없는 저 두근거림
떨어지는 붉디붉은 단풍 한 점

당신,
당신이다
〈

바람이 흘리고 간
몇 개의 철자를 더 주워

하늘로 오르는 길목,
그리움 자라고 있는 집을 짓는다

* #B. birth of love.

구중궁궐

잔뜩 웅크린 그
아직도 귓속에서 총성이 들린다

바람이 덮쳐와도
그는 움직이지 않는다

마치 사막의 포카라 풀*처럼
그의 뿌리는 몇백 년을 움켜쥐고 있고

오백 년을 이어오는 발자국에
소리 죽여 가만가만 말라가는 박제

말을 걸어오는 역사는 저리 비켜 있고
오방색으로 치장한 공간만 살아난다

덩그러니 의자만 있는 그곳은 빈 소리만 웅웅거리고
들리지 않는 호흡은 길기만 하다

* 모하비사막의 포카라 풀.

시간의 그리움

어둠의 프레임이 끼여 있는 필름처럼 이별했다가
스스로 의식을 정화하는 시간으로 다시 찾아온다

고요를 겁탈당한 가슴 깊은 곳
서쪽 새 한 마리 있었던 자리엔 까만 잉크의 향이 배어 나오고

새는 날아다니는 게 아니라 사라졌다 나타나는 거라고,
실체보다 그림자를 크게 부풀려 어른거리더니
구겨진 이야기조차 서성이게 하는군요

뜨겁던 그 계절,
덧없기에 아름다운 것이 모두인 세상!
푸른 창공의 텐션으로 서쪽 새는 춤을 추었던 것이고,
튕기듯 어디론가 떠나가 버린 그리움

밤은 남아 있는 시간을 묻듯이 오는데
마지막까지 떨리는 잔상으로
잃어가고 남아있는 것들이 깜빡인다

이별의 속도

내가 내 마음속에 들어섰을 때,
그 길은 하얗게 구불거리고 있었다.

힘들게 몸을 부려야 깊게 뿌리를 박는
나무는 앓는 숲을 치유하고 있었다

골짜기에는 물의 말들이
그들도 사랑을 했었나

모두 고뇌의 속삭임
휘어지고 굽어진 길에 맞닿아 있었다

어느 길이든 새겨져 있는 희미한 흔적,
기억은 사람 없이도 외롭지 않다

세상 모든 길들이 곧지 않음을 알았다.
영원처럼 휘어진 길 위에서
잊고 묻어 두었던 상실의 흔적이 흩어져 있었다.
〈

흰빛에서 초록빛으로 붉은빛에서 검은빛으로
번지듯 얼굴을 바꾸는
깊어지는 그의 어둠을 건너보다가

누군가가 사라져갔을 나무 그림자를 따라서
느릿느릿 떠나고 있었다.

기억 속의 침묵

너에게 가는데도
오랜 시간 걸렸다
마침내 닻을 내리고
머리통에서 와글대던
한숨을 내쉰다

기억의 바깥이 점점이 눈 내리면
하얗게 덮인 곳은 희미해져 가고
늘 그리던 그리움은 흐려져만 간다

사랑이 지워지고
밖으로 미처 나오지 못한 말들
바위처럼 굳어 있다
통점을 잃은 상처들이 덧나서
끝도 없이 검게 번져갔다

시꺼먼 것
아주 오래 숨 없이 뭉쳐 있던 일들도
음각으로 새기는데,

어제 일은 말갛게 날려버리고
멈추는 당신

희미하게 맺힌 물빛으로 앉아
구겨진 옷가지처럼 풀썩
스러져가는 당신의 손길

예가체프 하푸사*의 향기

여인의 향기를 날리는 바람은
그건 바람이 아니네

붉은색으로 치장한 삼바의 춤을
담았으니 빛나는 섬들을 보았으리라

화산재가 날리는 고지대에서 태어난 그녀는
검은 피부에 빛나는 눈동자를 가졌지

하늘거리는 속살 비치는 옷을 벗어 던지고
진한 갈색의 살결을 내보이며
행운을 불러온다는 풀 위에 누웠어

신비의 치료 약을 머금은 여인
혀 가장자리로부터 전해오는 전율

진한 몸내음 피워 가득 채우고
더 검고 진하게 애무하다 보면
〈

달콤 쌉싸름한 맛이 흘러나오는 육신
진하게 풍기는 맛

칼디[**]가 깨운 그 맛은
하얀 이를 드러내며 환하게 웃는 검은 여인입니다.

[*] 커피 이름.

[**] 처음으로 커피 열매를 발견한 목동 이름.

불의 춤

타닥타닥
시뻘건 불이 너울거리며 타고
신비한 오색이 피워 오르는 거 같아

불 속에서 햇볕에 그을린 듯 볼이 튼 붉은 소년이 나한테 물었어
 — 안드로메다은하에서 언제 왔냐고
자기도 곧 별에서 내려올 수 있을 거라면서 나보다 어른인 척하는 거야
 — 난 곧 유럽의 한 목동으로 태어날 거야
그때 내 눈썹 사이에 번쩍 섬광이 인 거야
차크라에 에너지가 들어오나 봐
삶이 힘들어 도망가고 싶었는데 마음이 편안해지고 힘이 솟는 거 있지

자꾸 거꾸로 시간이 흘러가
불 속에서 인디언들이 둘러앉아 별을 바라보는 게 보여
천 년 전에 7명의 예언자들이 미래를 예언하고 있었지
회의가 끝나고 열띤 토론이 이어졌어

그들은 갈 길을 잃고 목적을 잊어버릴 경우
자연과 말의 발자국을 따라 그 균형의 마을로 들어가야 한다고 했어
그 불은 생명의 순환을 완성시키는 창조의 불이라며
고향을 향한 징검돌의 이정표라고.
그들 방식으로 내 이름은 '주먹 쥐고 일어서'라고 하더라고

그새 내가 깜빡 졸았던 것일까
장작 타들어가는 소리가 안 들리더니
불씨와 하얀 재만 남아 있었어

들리나요, 여름

풍경 속에 웅크리고 있던 바람이 나오듯

선사의 돌무덤 앞으로 밤꽃 향기가 걸어온다
해자의 물 위를 햇살이 반질거리며 건너온다

붉은 몸 떨었던 아득한 기억이 애틋해
입술이 달싹거린다

달아오른 열기는 당신 사라진 곳 모르고
끈적한 단내가 목덜미에 스멀거린다

여울에서는 하얀 꼬리 찰랑거리며
치맛자락 일으켜 세우는데

한 풀 벗겨진 삶이 바람 속에서 일렁이고
얼마 남지 않는 긴장의 방심이 위태롭다

곧 사라질 시간의 바깥처럼 팽팽한 계절
잠잠해진 고독이 발길 멈춘다

〈
초록은 짙고 끝내 잃게 될 것들에 응시가
굴러떨어진다

트레킹, 길에게 묻다

꽃들의 노래를 들으며 달팽이는 제 길을 간다
흐린 날 혼자 있는 시간을 즐기고 어디서나 느리게 호흡한다

허리춤까지 쌓인 눈이 천천히 녹고 있는 트롤퉁가[*]
빙하가 만든 눈밭에서 길을 찾는 방법을 터득하고 있다
지나온 발자국을 뒤적이며 신발을 불태우는 공양을 한다
낙타의 혹 같은 배낭을 메고 참회의 한 발짝 떼며
감옥에서 벗어나는 꿈이라도 꾸는 걸까
그늘을 골라 다니며 축축한 살갗으로 오체투지 하는 일
고통의 한계까지 몰고 간 그 순간,
마침내 바르르 떨리는 더듬이가 가리킨 방향
기암절벽 트롤의 혓바닥 위로 성큼 다가섰을 때
신의 세계를 엿보는 눈부신 에메랄드빛 링게달 호수
태초의 카타르시스에 대한 열망
꽃은 지기 위해 피고 나도 지기 위해 걸을 수 없는 길을 걷는다
작은 날개인지 모를 퇴화된 더듬이를 파닥거리며

중력 붕괴가 일어나 초신성 폭발에 이르러야
비로소 삶이 자유로워진다

* 노르웨이에 있는 기암절벽. 거인족인 '트롤의 혀'라는 뜻.

외발자전거

생각은 막강한 에너지, 페달을 밟기 시작한다
내면에서 외면으로 나오는 뜨거운 의식

의식 속에서 치열하게 투쟁하던 당신이
문을 열고 뛰어나온다

상처들의 창문마다 흔들리던 촛불이 스러지고
젊은 맹수들이 뺨과 뺨을 맞대고 소용돌이치며
날아오르는 날,

외발로 서는 일
외발로 달리는 일

그리움은 우주 끝에서
섬광처럼 번쩍이다 사라진다.

등 뒤 풍경들이
쇠 소리를 내며 부서진다.

4부

사랑은 쓰레기통에 있다

네모난 틀에 갇힌 소녀가
떠 있는 하트 풍선 실 끝 꼭 쥐고 있다

세월이 헐렁이면서 그림은 미끄러져 내려와
그곳은 덜렁 하트 풍선 반쪽만 걸쳐 있다

공이 공으로 흘러내리는 휘어지는 플랫
사라진 공간은 떠돌던 약속이나 기억을 데려간다

 흘러내리는 크로노스[*] 시계는 소녀와의 까칠한 관계를 만들고
 심장이 빠진 눈빛은 깡통 소리 내고 있다

긴 세월 눈에 스치던 벽의 야유에서
스스로 생을 마감하려고

액자 밑 쓰레기통에 처박히는 순간
화들짝, 설잠에서 깨어난다

* 그리스 신화에 나온 시간의 신.

사과를 자르며

시간에 깃들어 살아온 사람들은 안다
자르고 나면 생기는 경계선 위에
태어나는 것들이 있다는 것을

선을 자르고 종이접기를 했던 그때
모서리를 접고 펴길 수십 번 했던
마법의 순간이 별로 반짝일 때

선은 면을 낳고 면은 원을 낳고
한 걸음 뒤에 서서 보면
결국 돌아올 수밖에 없다는 것을

어떤 삶도 잘라내야 하는 시점이 오면
온몸에 불꽃 튀는 아픔을 견뎌야 한다

그믐달에 등을 기대야 하는 나의 귀가
주문을 바로 외운다
— 카르페디엠
〈

직선만 남긴 겨울나무도 꽃눈을 달고
경계선에서 바람 맞서며
내일을 그리며 주문을 외우고 있다

투신하는 노을을 건지다

아직은 그림이 끝나지 않았어
그리기를 멈추려는 건 마음이 변해서지

바람의 길을 내주는 돌담의 틈이
끓어오르는 몸의 열기를 식히지만

바람의 몸살로 노랗게 변한 장미는
그 쨍쨍한 가시가 여전해도 제일 먼저 뽑히고

어떤 의식儀式으로도 떼어놓기 힘든
묵은 이별이

탄식의 하늘로 투신하는 저녁
불그레한 엷은 노을이 펼쳐질 때

번뇌의 날개 자락 퍼덕이며
그 남자마저 그려야 할 일

그림이 모서리에서 숙성하고 있는 사랑은

이제 막 시작인데,

하늘의 가장자리에 물들어가다가
되살아나고 있는 상심이
벼랑으로 우뚝 서서 맹독을 뿜어내고 있다.

시간의 협곡은 신비한 물색으로

떠내려 온 시간들이
모이는 호수 한가운데 지어진 성당
엎드려 아흔아홉 계단을 올라간다

아드리아해로 떠난 배는 돌아올 줄 모르고
마지막 기도로 종소리 펄럭이며
물에 비친 나무 그림자도 숨죽여 흐느끼는데

먼 길을 걸어왔구나
죽은 평화가 고여 기어이 커다란 성을 만들고
맨발의 여인들이 춤을 추며
성 마틴의 축제를 여는 블레드

한 개의 계단이 수면에 잠기는
톱니바퀴 소리는 어김없고
물에 기댄 삶들의 따뜻한 호수가 되어
더 깊은 계절로 흘러간다

엄마의 섬

생각의 무덤 속에서
섬은 태어나고, 태어나고

이미 다도해
섬들의 카오스

엉키고 부딪칠 때마다
개벽의 소리

보청기를 끼웠지만
소음만 더 크게 들린다

허공을 떠돌다 사라져 버린 말들은
어디서 방황할까?

회오리치는 걱정의 진술 한마디도
저 멀리 해왕성 밖으로 훨훨 날아가 버린 채

무거운 삶의 내력을 가벼운 안녕으로
자유롭게 비행하는 섬의 주인으로 남아있다

싱크홀

어릴 적 살던 달동네에 금빛 캐슬이 들어섰다
산에 그어져 있던 너덜한 길이 사라졌다
고개를 떨군 가로등이 비틀거리고 있다

여기가 어딘지
영원한 청춘에 갇혀 손목시계를 힐끔거린다

오늘치 분량의 표정을 소진한 채
길 없는 윗동네를 들락날락 계속 돌고 돈다
산과 하늘이 깔리던 그 자리가 구멍이 될지 몰랐다

신에 대한 기억이 끊겼다 허상이 세워지고 자꾸 허물어진다
초록 대문집이 어딘지 모르겠어

오늘 날씨가 좋거든요
산책하러 가야죠
낯선 기억들이 바람에 팔랑거리며 흔들거린다

이런 말 미안하지만
그쪽은 도대체 누구세요?

경계의 시간

그것은 하늘의 미디어 메시지였습니다

바람 타고 자유롭게 날아다니는

태고의 소리가 들리는 모래사장에도
미국 중앙정보국(CIA) 건물에도
로마 밀라노 대성당에도
베이징 만리장성에도
인류 역사의 바벨탑 옆에도

죽지 않고 사는 것

아사녀의 사랑인 다보탑에도
중국 진시황릉을 지키는 지하 군대 병마용에도
러시아 붉은 광장 빨간 벽돌 앞에도

허공 벼랑에 매달린 유통기한이 지난 호접몽처럼
아직 도달하지 않는 시간을 되감는 비닐 봉투

푸른 생명이
그곳에 담기고 버려지고 떠돌고 있습니다

헤로인과 카메오의 차이
—리어카 끄는 노파

굉음을 토해내며 지나가는 차 옆을
건너가는 머리 허연 거북이 모습이 선명하다

빈 종이 상자 잔뜩 진 그 등은
구부러져 혹 같은 시간을 저장하고
짧은 발로 사막을 걷듯 흐느적거린다

울음인지 기침 소리인지 모를
흔들거림으로 도심의 네거리를 지나고 있다

바다 밑 깊이 여울진 곳에서부터
웅웅거리는 그 울림이 수면의 파도를 이루며
갈라져 하늘 위로 넓게 넓게 퍼지고 있다.

등뼈가 휘도록 감당해내는 운명의 무게
육지를 통해 또 다른 삶의 방법을
습관처럼 선택한다.

푸른 바닷속 전설의 흔적인

곱고 선명한 육각형 무늬가
꽃잎처럼 산산이 흩어지는 날
자유의 바다를 갈등 없이 던진다.

새삼 슬픈 시늉을 하지 않고
길고 느린 시간들을 성스러운 가장자리로 만들며
도시의 별빛으로 빛나고 있다

그레이스 앤 프랭키[*]
—여행

그날 운명이 아니었어
감정의 발정이 출발을 알렸다

생의 농도가 가장 짙은 시간과의
간격을 넘어 코스프레하듯 찾아간다

지금 차로 가면 밤이면 도착해
고향을 가려면 미션비에이호를 찾아가면 돼
고속도로는 무섭지만 어쩔 수 없어
좁고 긴 페달을 밟고 줄넘기하듯 차선을 건너다가
— 참, 죽기 좋은 날이다
찬란한 햇살이 발버둥치고 있었다

— 어떻게 만났지?
어느날 퇴근하다가 만났지
사실 시작도 안 했는데 끝나버렸지
슬프고도 안타까운 이야기

아니야, 안되겠어

우리 나이 70세에
남자나 훔쳐보러 가다니

자, 3단계야
1. 창문에 돌을 던진다
2. 문을 열고 나온다
3. 내가 숨어서 엿본다

입 꾹 닫고 눈 똑바로 뜬다
홀로그램 때문에 눈이 어려서
아 사랑하기 딱 좋은 나이

남자의 얼굴은 시간에 가려져 볼 수 없지만
바람의 방향을 잡을 만한 콧수염은 여전하다

심장은 손톱 끝에서 두근거려 악수를 겨우 청하고
남자는 의아한 듯 손끝으로 돌아가라고 안테나처럼
신호를 보낸다
〈

낯선 나라로 가는 번호
벚꽃이 흩어지고 사라진다

* 이혼녀로 노년에 친구가 되어 함께 살아가는 영화 주인공 이름.

장미의 월경

암술과 수술의 암투
작은 것들의 반란 속에서
환청이 들려왔다

날카로운 외마디에
베어지는 붉은 꽃의 모가지

흐르는 핏물은 유성의 기호
해독되지 않는 비밀이 덜그럭거린다

하늘의 전략이 조금은 보이다가
그냥 피로 엉겨버리고

짧은 엽서에도 없는 시간 속에
통점을 바람이 핥고 지나가면

떨어진 한 잎조차
꼿꼿한 꽃의 자세로
하늘로 스며들기 시작한다

마음 정하는 날

킬링과 힐링
나를 죽이는 게 쉬게 하는 게 아닐까
다다다다 하기 싫다

겨울에 언 붉은 장미를 봤어
실연도 그래, 이별이 아니라 사랑이 언 거야 그대로

불안은 두근거리고
공중의 빗금이 그어지고 마음 일으킬 때

나는 시간을 듣기 시작했어
과거는 떡갈나무처럼 머릿속에서만 자라나고

별의 움직임을 보고 길을 가는 베두인족처럼
문자가 날아다니고 진화하기 위해 필요한 시간

충혈된 몸속은 물관을 갈라 비상구를 만들고
생소한 온도에 달려드는 몸을 열고
진술을 불태워버리지

〈
툭
붉어진 눈물로

가 닿는 것
가서 닿고 싶은 것
달 세뇨*가 되어 기억 저편에

* 악보에서 기호가 있는 데서부터 되풀이하여 연주하라는 말.

쉼표, 하나

왼쪽 귀에 붉은 꽃잎이 들어왔어요
너무 많은 소리를 들으니 막아도 새어 들어온 그 말들이
씨앗을 뿌려 붉은 꽃을 피웠지만
무더기 꽃밭은 온통 벌레에 파먹히고 있었어요
귓속은 몽글몽글 연기가 피워 올라 머리를 아찔하게 했어요
자꾸 머리가 세 시 방향을 가리켜
현미경으로 들여다보니
힘든 나선형 삶이 포진되어 숨어 있었어요

달팽이 촉수 같은 눈으로 삶의 속도를 늦추고
병실에 누워 고통 속에서 느끼고 호흡했어요
우주의 흑암에선 통증의 속도는 어둠과 빛을 가르고
컴컴한 문지방을 건너고 있었습니다
절망처럼 맑은 마음이 없다는 걸, 그때 알았어요
절망은 모든 것을 없애 버렸기 때문이었죠

달팽이가 지나가면 기다리던 일이 이루어지듯이

마침내 바르르 떨리는 시곗바늘이 가리킨 그 방향으로
달팽이관에서 느리게 걸어 나왔어요

오후의 시간에 사선의 빗금이 그어지고
그 마음 일으켜 작게 숨쉬기 시작했습니다

밖이 안으로 들어와
빛의 주름이 깊어지는 시간
달팽이 한 마리를 머리에 얹고 있습니다.

핫-스팟*

남쪽 끝 절벽 아래
벚꽃잎 촘촘히 박히고
봄날의 시간은 바다 위에 떠 있다

그 신부는 출렁이는 보드 위에 앉아
흰 드레스 자락을 바다에 담근 채 푸른 숨결을 흘려보내고
턱시도를 입은 신랑은 올챙이국수를 먹고 나온
오후 3시의 웃음소리를 매단 채 연신 셔터를 누른다

먼 그때
물에 기댄 삶에서 제 어미의 시커먼 속을 들여다보듯,
수면에 토해낸 오후 3시의 숨비소리
뜨거운 삶 앞에 내놨을지도

숨과 숨 사이

물의 동쪽이 핫한 곳이라는 소문
바람으로 건너가 프러포즈 같은 날이 연출되고

햇빛의 눈 고요하게 멈춘 오후

짙푸른 심해에 살아있는 무덤처럼 다시는 돌아오지 않는다 해도
그 물의 마음은 조금 진실을 담아
파르르 전해질 것이다

지금은 그때의 흔적

* 핫—스팟(hotspot). 〈hot+spot〉. 활기 넘치는 곳.

이별에 대한 자세

썩어서 떨어진 사과도 붉게 물든 향긋한 탐스런 전생을 생각해
그때는 울컥 구부러진 햇살이 뛰어나오고 핏빛 노을도 뜨거울 때가 있지

물 댄 논 위에 내려 누워 있는 밤하늘을 봐
무수한 별들이 박히는 물속에 들어 생의 환희를 느껴
마음에서 마음으로 가는 길이 열리는 거야

음악은 최면이야
중환자실에 흐르는 아름다운 선율은 숨을 쉬게 해
작곡가의 느낌에 따라 움직이게 되어 있어
마에스트로 향을 피우며 무덤으로 들어가는 그곳으로까지 안내를 해주지

자꾸만 낯설게 마주치는 어둠 앞에서
슬픈 동네에 살고 있는 당신의 흐린 눈빛

가까이 다가가도 미동조차 없는 당신은

얼마 남지 않은 시간 속으로 침잠하는 것

행복한 기억 하나는 끝까지 붙잡아야
단단히 동여매고 감당하며 사라지지

사모곡에 대한 통한과 구원의 소리는 며칠간 침묵으로 이어지고
선명한 한낮에 당신의 산소호흡기를 떼는 건 그저 일상적이었어

시간의 바람은 지나가지만 골수에 새긴 생의 지느러미는
내 심장의 온도로 그대로 남겨지는 것

창문을 밀어서 활짝 열린 그곳에서
실버라이닝*이 힐긋거리지

---

* 실버라이닝(silver lining). 코트의 안쪽의 반짝거리는 안감
 (어둠 속의 희망을 가리킨다).

11월의 노래

10억 광년의 여행을 멈추고 당신이 있는 곳,
두 개의 촛대 위에 붉은 별이 쏟아진다

계절풍에 진입하여 지구의 고독을 전송한 것이다.
풍경을 줌인으로 끌어당겨 보여주면
슬픔 안에 치유의 큰 나무가 자라고
슬픈 우주인의 잃어버린 눈동자
여기에 열려 두리번거리고 있다.

스러져가는 것들은 모두 그대가 되어라
불면과 함께 기다리는 우주의 밤

무표정으로 변해가는 당신 묵묵부답에
허투루 맨 마음 한쪽 힘없이 풀어지고

지상에서 삶을 완성한 낙엽의 영혼이
노을의 배웅을 받으며 지구를 벗어나고 있다

별의 기억은 한평생 시시각각 변하는 하늘과 구름과

바람과 햇살이 주는
  푸른 열기와 황홀한 사랑 그리고 상처가 무늬로 보이는 시간으로 메꿔졌다

■□ 해설

꼬깃꼬깃 구겨지는 강물, 비어 있음이 가득한

호병탁(시인·문학평론가)

1

여러 가지로 문학이 무엇인가를 말할 수 있겠지만 언어를 특별한 방식으로 운용하는 것을 근거로 이를 정의할 수도 있을 것이다. 즉 문학은 일상적인 말을 변형하고 그 강도를 높여 사용함으로써 일상 언어로부터 계획적으로 일탈한다는 것이다. 그리하여 문학은 우리로 하여금 언어를 극적으로 인식하게 함으로써 상투적이고 습관적 반응을 새롭게 하고 그 언어가 담고 있는 세계를 더욱 생생하게 드러낼 수 있다는 것이다. 나는 문학에 대한 이런 언급에 적극 동조하는 편이다. 그리고 이은수 시인의 이번 시집 작품들을 대하며 바로 위와 같은 명제를 즉각 떠올리게 됨을 어쩔 수 없었다. 우선 시집에 등장하는 첫 번째 작품을 보며 논의를 계속하기로 하자.

새벽안개의 판도라 상자에 쌓여 있는 실존
시가 되지 못한 말
절대로 열어보지 않을게

설레는 바람이 초록 숲을 막 털어내고
톡, 톡 잎 끝에서 마구 영감이 쏟아지려 할 때
말무덤을 지나 새 일출 바시게 추앙한다
　　　　　　　　　　　　 － 「비밀의 숲」 전문

　2연 6행으로 구성된 짧은 시다. 그런데 첫 연 첫 행부터 우리는 해석의 어려움에 직면하게 된다. "새벽안개의 판도라 상자에 쌓여 있는 실존"이란 문장에서 우리가 이해할 수 없는 어휘는 없다. 그러나 서로 아무런 인과관계가 없어 보이는 이질적 어휘들의 배열은 우리를 당황하게 한다. 문학 텍스트는 굳이 '수용이론'을 언급하지 않더라도 독서 행위의 실천 속에서만 그 의미작용을 구현할 수 있다. 따라서 성실한 독서를 수행하기 위해서는 우선 등장하는 어휘의 의미를 정확히 파악할 필요가 있다.

　'판도라'는 태초의 여자 인간으로 신은 그녀의 탄생을 축하하며 상자를 주었는데 절대 열어보지 말라고 경고를 했다. 행복하게 살던 그녀는 어느 날 호기심을 참지 못하고 상자를 열고 말았다. 그 순간 온갖 욕심, 질투, 질병 등 인간을 불행하게 만드는 모든 것들이 상자 안에서 빠져나와 세상에 퍼졌다. 깜짝 놀라 급하게 상자를 닫았으나 상자 안의 나쁜 것들은 이미 모두 빠져나온 뒤였다. 그러나 그 안에 있던 '희망'만은 유일하게 남아 인간은 모든 악들이 자신을 괴롭혀도 희망만은 절대 잃지 않게 되었다고 한다. 그렇다면 "판도라 상자"에 남아있는 것은 '희망'이다. 그러나 화자는 '희망' 대신 '실존'이란 철학적인 어휘를 견인하여 판도라 상자와 결합시키고 있다.

  실존實存은 말 그대로 '실제로 존재하는 것'을 말한다. 철학적으로 말하자면 사물이 인식이나 의식에서 독립해서 존재하는 것을 의미한다. 환원하면 '본질에 대한 현실적 존재'를 말하는 것이 될 것이다. 도대체 '판도라 상자'와 '실존'은 어떤 관계를 갖게 되는 것인가. 어떤 단서라도 찾기 위해 우리의 시선은 즉시 다음 행으로 향한다.

  '실존'은 "시가 되지 못한 말"과 연결되고 있다. 그리고 화자는 상자 안을 "절대로 열어보지 않을" 것이라고 다짐한다. 단서는커녕 또 다른 유기적 객관성의 문제가 발견된다. '실존'과 '시가 되지 못한 말'은 어떤 의미의 연결고리를 갖게 되는 것이며, 왜 화자는 이 말을 상자에서 꺼내지 않겠다는 의지를 표명하고 있는 것인가. 우리는 '판도라의 상자', '실존'이란 어휘의 사전적 정의를 정확히 파악했다. 다른 말의 지시적 의미도 잘 알고 있다. 그럼에도 어휘들 연결에 있어서의 개연성 결여는 독해를 어렵게 한다.

추측과 추론의 과정은 독서 중 작품 이해의 촉진을 위해 항시 행하게 되는 일이다. 우리는 첫 행을 읽으며 이미 이 과정을 내적으로 수행하고 있다. 그리고 앞으로 또 다른 문제점과 마주칠 것이라고 예상하며 다음 연을 본다.

"설레는 바람이 초록 숲을 막 털어내고", "잎 끝에서 마구 영감이 쏟아지려 할 때"라는 감각적 심상을 가진 문장이 나타나며 '때'라는 어느 한 '시점'을 지시하고 있다. 바로 그 시점에 화자는 "말무덤을 지나 새 일출 바시게 추앙한다"고 발화하며 작품 전체의 매듭을 묶고 만다. 이 연에서 어휘의 의미 파악에 신경을 곤두세울 곳은 없다. 이질적 언어는 '영감'이란 관념어와 '바시게'라는 말뿐이다. '영감'은 '신의 계시를 받은 것 같은 느낌'으로 이해하면 되고 '바시게'는 '부시다'의 부사형으로 남도 방언으로 이해하면 된다. 따라서 이 연은 초록 숲의 나뭇잎 끝에서 신의 계시가 쏟아지려 할 때 자신은 언어의 무덤을 지나 새로운 일출을 우러러 보겠다는 말이나 진배없다. 그러나 이 연은 또다시 첫 연의 내용과는 일견 아무런 객관적·논리적 맥락이 없어 보인다. 예상한 바의 또 다른 문제점이다.

앞서 언급한 것처럼 추측과 추론은 독서 과정에서 늘 행하게 되는 일이다. 우리는 작품을 읽으며, 특히 이처럼 개연의 연결고리가 결여된 작품에서는 내내 이 과정을 수행할 수밖에 없다. 한 번 정리해보자.

'실존'은 실제로 존재한다는 관념어다. 판도라 상자 안에 남아있는 '희망' 또한 어떤 일에 대하여 '기대하고 바라는 마음'을 말하는 관념어에 다름 아니다. '절망'을 바라는 사람은 한 명도 없을 것이다. '실존'을 위해서는 누구에게나 '희망'은 필수적인 것이 된다. 그렇다면 이 두 관념어는 작품 안에서 서로 강한 연관을 갖게 됨을 알 수 있다.

그런데 시인에게는 '시의 언어'야말로 자신의 '실존'과도 직결되는 문제다. 당연히 "시가 되지 못한 말"은 버려야 한다. 화자는 숲 속의 초록 나뭇잎 끝에서 신의 계시와도 같은 '영감'을 받고 있다. '시가 되는 말'이 탄생할 때다. 따라서 화자는 "말무덤" 즉 '과거의 죽은 언어'를 버리고자 한다. 그리고 '새로운 언어'의 일출을 눈부시게 바라보겠다는 강한 의지를 비유적으로 표출하고 있다. 한 마디로 시인은 자신의 작품 세계가 추구하는 방향의 지향점을 내보이고 있는 것이다.

작품은 대충 위와 같이 독해된다.

2

문학 텍스트 자체는 종이 위에 찍혀진 일련의 검은 활자들로부터 의미를 구성해낼 것을 독자에게 권유하는 초대장에 다름없다. 위에서처럼 독자는 활발한 참여로 부분들을 연관 짓고 간극(gap)들을 메우며 작품을 '구체화'하여야 한다. 예로 작품의 문을 여는 "새벽안개의 판도라 상자에 쌓여 있는 실존"이란 말을 보자. 여기에 등장하는 어휘들의 지시적 의미는 정확히 파악되지만 독자의 해석에 의존하여 그 연관 관계를 채워야 하는 간극이 있다. 그리고 그 간극은 서로 다른 독자들의 상반되는 방식으로도 채워질 수 있다. 실상 앞의 독해도 한 독자로서의 필자 해석 방식에 의한 것임을 부언한다.

가치 있는 문학작품은 작품에 대한 우리의 무의식적인 확신과 상투적인 인식에 질문을 던지고 그것을 비판적으로 자각하게 한다. 자신의 본모습을 이해하는데 필요한 요소들을 간접적으로 제시하는 것이다. 이는 이글 초입에서 언급대로 언어를 특별한 방식으로 운용함으로 상투적·습관적 반응을 벗어나 그 언어가 담고 있는 세계를 더욱 생생하게 드러낸다는 말과 맥을 같이한다. 우리는 작품을 대충 독해했지만 이런 언어요소들을 분석하고 파악하는 일은 이제부터 시작이라고 볼 수 있다.

우선 이 작품에서 주목되는 대목은 상자 안의 "시가 되지 못한 말"을 절대로 꺼내지 않겠다는 화자의 의지다. 시인에게는 '시의 언어'야말로 자신의 '희망'이자 '실존' 그 자체이다. 따라서 "시가 되지 못한 말"이 배제됨은 당연하다. 그렇다면 이 작품은 '시에 대한 시' 즉 '메타-시'다.

포스트모더니즘 작가들은 문학의 인식론보다는 존재론에 관심을 갖는다. 이전의 문학 전통이 문학은 무엇을 할 수 있는가에 관심을 두었다면 포스트모더니즘은 오히려 문학은 과연 무엇인가에 관심을 보인다. 이들 작가들은 외부 세계의 재현이나 모방이 아니라 글쓰기 행위 그 자체를 문학의 주요 관심사로 삼고 있는 것이다. 따라서 포스트모던의 여러 글쓰기 특징을 보여주고 있는 이은수 시인이 '시에 대한 시'를 쓰는 것은 자연스런 일이 된다. 이런 메타적 글쓰기는 다른 작품에서도 반복하여 나타난다. 시집의 두 번째 작품을 보자.

　　강물이 꼬깃꼬깃 구겨지기 시작했어
　　성급한 문장이 나왔다가 없어지기도 했지
　　진탕 놀고 간 흔적이 하얗게 쓸어놓고 시치미를 떼고 있어

　　재갈매기 소리에 잠시 바다에 온 것 같은 착각
　　비어 있음의 가득함이
　　멈춘 시간을 파헤쳐 허공에 풀어 놓은 거야

　　두근거림의 윈드서핑이 바람과 놀아날 때
　　고래의 꼬리도 소리를 내기 시작했어

〈
펄떡거리는 그리움은 아예 없지만
한때 은빛 반짝임은 흔적 되어 접근 금지

기억에 또아리 틀고 있던, 실뱀을 슬그머니 내려놓자
구겨진 파랑으로 들어가 버렸어

솟아오르는 물의 계단으로 비밀은 올라가고
새처럼 뛰어 올라 허공에 발자국 하나
젖은 기억을 마르게 하는 거지

편의점 앞 빨간 우편함엔
고독이 잠들어 시간이 거꾸로 박혀 있고
– 날 건들지 마세요

물낯에 어른거리는 갈매기는 날갯짓으로 날아가고
포토그램에 투영된 미혹의 순간들

후루룩 날아가거나 가라앉은 부유물은
서성거리다 탈각된 모서리 말들이지

침묵보다 못한 낱말들이 윤회로 휘저어지는 건
가끔 어딘가 고장이 나는 언어의 한계였던 거야

〈
　　— 꺅 꺅 끼룩 끼룩

　　　　　　　—「갈매기 편의점」전문

　우리는 벌써 작품 본문에서 "성급한 문장", "모서리 말들", "침묵보다 못한 낱말", "언어의 한계"와 같은 특별한 구절들을 발견한다. '문장', '말', '낱말', '언어' 같은 어휘는 시 해설이라면 몰라도 시 작품에 그대로 견인되는 일은 거의 없다. 우리는 이미 시인이 앞서의 작품처럼 자기반영적인 메타적 글을 쓰고 있음을 간파하게 된다. 이런 현상은 심지어 미각적 감각을 기술하면서도 나타나고 있는데, 예로 "환상적이고 부드러우면서 톡" 쏘는 맛은 "혀끝의 농염한 언어들"에 기인하는데 마치 "핫소스"가 "날카롭게 몰아붙인" 까닭에 "문장이 살아나는 것"(「남은 레시피 joy」)이라고 말하고 있다. 여기서 특별히 견인된 '언어'와 '문장' 같은 어휘들은 작품이 메타적으로 기능하게 하는 결정적 요소가 되고 있다.

　포스트모더니즘 작가들은 텍스트 밖의 세계를 '재현'하는 일보다는 텍스트 안에서 일어나는 일을 '반영'하는 데 힘을 쏟는다. 그들은 바깥 세계가 아니라 안쪽 세계를 향하여 거울을 비추고 있는 것이다. '메타-시'는 바로 이런 포스트모던의 전형을 보여준다고 할 수 있다.

작품은 첫 행, "강물이 꼬깃꼬깃 구겨지기 시작했어"라는 문장으로 시작된다. 바람에 물결이 일기 시작하는 것을 기막힌 심상으로 표현한 아름다운 문장이다. 그럼에도 "성급한 문장이 나왔다가 없어"진다는 둘째 행의 갑작스런 등장은 행 사이의 유기적 객관성에 의문을 갖게 하고 독해에 어려움을 느끼게 만든다. 셋째 행의 "진탕 놀고 간 흔적이 하얗게 쓸어놓"았다는 문장은 이 의문을 배가시킨다. 강물이 '구겨지고', 성급한 문장이 '나왔다 없어지고', 놀고 간 흔적이 '하얗게 쓸었다'는 문장들은 도대체 서로 무슨 관계를 갖는 것인가. 앞서 「비밀의 숲」을 읽으면서도 이 문제를 언급한바 있지만 작품 전후의 유기적 객관성 결여는 이어지는 연에서도 계속되며 독해를 어렵게 하고 있다.

시인이 견인한 어휘들은 사전적 정의로 명확히 풀이된다. 어법 또한 정확하다. 그럼에도 개연적 연결고리가 상실된 문장들은 논리적 해석을 거부하고 짙은 암시성의 냄새만 풍기는 심상들의 집합으로 변모되고 있다. 이은수 시인의 심상은 강력하다. 나는 이은수 시의 가장 큰 특징이자 장처는 바로 이런 심상들의 집합이라고 본다. 이 작품에서도 "펄떡거리는 그리움", "기억에 또아리 틀고", "구겨진 파랑", "솟아오르는 물의 계단", "시간이 거꾸로 박혀 있고", "서성거리다 탈각된 모서리"와 같은 말들은 얼마나 싱싱하고 강렬한 이미지를 뿜어대고 있는가. 그러나 이런 선연한 심상에도 불구

하고 작품은 쉽게 독해되기를 거부한다. 이는 시인이 객관적 언어의 연결에 따른 '의미의 창출'을 목적으로 하는 것이 아니라 감각적 심상을 파편처럼 나열함으로 어떤 '상징의 창출'을 목적으로 글을 쓰는 데 기인하는 것 같다.

 포스트모더니즘에 이르러서는 리얼리즘의 재현성은 배제되고 있다. 이들의 관점에서 보면 삶의 실재는 고정불변한 것이 아니다. 따라서 그것을 객관적·논리적으로 재현한다는 것은 불가능한 일이다. 따라서 종래의 시공간에 대한 전통적 사고는 버려진다. 시인은 작품 구성에 있어서 논리적 일관성이나 유기적 통일성을 배제하는 대신 자신의 의식 내면에 흐르는 감정, 기억, 연상 등을 '내적 독백'과 같은 방법으로 표출한다. 이 또한 '자기 반영적'이다. 즉 자신만의 내부 의식의 '위상과 특성'을 주시하며 이것들을 의도적으로 작품 안에 반영시키는 것이다. 의식은 고정되지 않고 끊임없이 유동하고 중첩된다. 이런 경우 무질서한 '의식의 흐름'이 파편적으로 표출되게 마련이다. 당연히 사실적 재현과는 거리가 멀어질 수밖에 없고 텍스트의 난해성은 필연적으로 대두될 수밖에 없다.

 그럼에도 서로 다른 이미지를 결합하여 만드는 상징이나, 의식 내면의 반영적 표출은 어떤 분명하고 명확한 의미를 가지고 있는 것은 아니지만 독자들이 나름대로 해석할 수 있는 일종의 '틈새'를 남긴다. 독자들은 스스로의 사색을 통해 심리적 연결을 하고 결합을 시켜 그 의미를 고구해 나가야 한다.

3

화자는 강에 물결이 일기 시작하는 것을 보고 "바다에 온 것 같은 착각"을 일으킨다. 화자 의식 속에는 바다를 생각하는 "문장이 나왔다가 없어지기도" 하고, "하얗게" 파도가 "놀고 간 흔적"을 보기도 한다. "재갈매기 소리"도 들리고 "윈드서핑이 바람과 놀아"나는 것도 보이고 심지어 "고래의 꼬리도 소리를" 내는 것까지 듣는다. 화자의 내부 의식은 시간적 순차 없이 끊임없이 유동하며 흐른다. 요약하자. "시간이 거꾸로 박혀" "펄떡거리는 그리움"도, "또아리 틀고" 있던 '기억'도, "구겨진 파랑" 속으로 "들어가" 버리거나 "솟아오르는 물의 계단" 위로 "올라가" 버린다. 그것들은 마치 "포토그램에 투영된 미혹의 순간들"처럼 "날아가거나 가라앉"기도 한다. '포토그램(photogram)'은 카메라를 쓰지 않고 인화지 위에 피사체를 올려놓고 감광시켜 추상적인 화면을 구성하기 위한 사진 기법을 말한다. 화자 의식 속의 여러 생각들은 일반 촬영으로는 불가능한 포토그램의 막연한 추상화면과도 같다. 화자는 이를 "서성거리다 탈각된 모서리 말"이라고 '언어'와 결부시킨다. 그리고 그것은 "침묵보다 못한 낱말"이라고 비판적인 시선을 던진다. 말 없는 상태가 '침묵'이다. 그렇다면 '말 없는 것'이 '말 있는 것'보다 낫다는 소리다. 화자는 "고장이 나는 언어의 한계"를 절감한다는 자기 성찰의 발화와 함께 글을 마감한다. 역시 자신의 글에 대한 '메타–시'다.

작품을 요약적으로 독해해 보았다. 그런데 이 작품에는 또 다른 포스트모더니즘의 특징과 함께 분석·파악되어야 할 미학적 구성요소들이 있다.

'현대의 고전'이 되어버린 '모더니즘'은 고답적이고 엘리트주의적 특성을 가진다. 포스트모더니즘의 개념이 처음 구체화되기 시작한 것은 바로 대중문화와의 밀접한 관련성이다. 둘 사이가 구별되는 중요한 차이점이었던 엘리트문화와 대중문화의 장벽은 무너져버리고 만다. 이 새로운 사고는 무엇보다도 '경계'를 부수고 '중심'에서 벗어나려 하는 성격을 보인다.

인용된 작품은 메타–시답게 관념적인 문학 언어가 수용된다. "투영된 미혹", "언어의 한계"와 같은 말들이 그런 경우가 될 것이다 "고독"과 "윤회"와 같은 어휘도 한몫하고 있다. 그러나 이은수 시인은 민중적이고 질박한 언어의 과감한 수용으로 이런 경계를 무너뜨리는 강한 몸짓을 보이고 있다. "꼬깃꼬깃 구겨지기", "진탕 놀고 간", "펄떡거리는 그리움", "또아리 틀고 있던", "후루룩 날아"와 같은 말들은 신체감각에 그대로 육박해오는 민중의 싱싱한 기층^{基層}언어들이다. 물론 "꺅 꺅 끼룩 끼룩" 같은 의성어도 거침없이 수용된다. 앞의 짧은 시 「비밀의 숲」에서도 "실존", "영감"과 같은 고답적 언어와 함께 "말무덤"은 물론 "바시게"라는 남도 방언이 혼용되고 있음을 볼 수 있다. 바로 모더니즘과의 의식적 단절 내지 반작용의 속성을 정확히 보여주고 있는 것이다.

4

위 작품에서 색깔을 표현하는 어휘들이 산재하고 있음을 눈여겨볼 필요가 있다. "하얗게 쓸어놓고", "은빛 반짝임", "구겨진 파랑", "빨간 우편함" 등과 같은 경우다. 앞 작품에서도 "뿌연 새벽안개", "초록 숲"과 같은 말이, 또한 다른 작품에서도 "너무 울어서/빨개진 눈", "새떼들이 까맣게 펄럭인다"(「카르마」), "직녀별에서 떠난 푸른 별", "녹색 고지서", "붉게 떨어지는 석양"(「노매드」), "검은 태양", "흰 국화"(「문상」) 등처럼 색깔을 나타내는 말이 수두룩하다. 아예 시제 자체가 「검정 뿔 속으로」와 같은 경우도 있다. 이런 어휘들은 구체적 색깔 자체를 지시하기도 하지만 인간 정서의 비유적 표현으로 기능하고 있기도 하다.

이런 색깔에 관한 어휘들의 등장은 흔히 '모자이크'에 비유되기도 하는 '상호 텍스트성'을 상기시킨다. 이는 이은수 글쓰기의 또 다른 큰 특징이라 할 수 있다. 어떤 텍스트가 다른 텍스트를 인용하거나 변형시켜 서로 연계되는 '상호 텍스트성'은 포스트모던의 가장 핵심적인 지배소의 하나다. 이는 작품 내부에서는 물론 외부와도 다양하게 그 의미체계의 연관을 가지게 되는데 이 점에 관해 특히 주목되는 것은 작품과 작품 사이의 상호 관련성이다.

우선 "하얗게 쓸어놓고"라는 문장에서의 '하얗게'는 물론 색깔에서의 '흰색'을 말한다. 그러나 여기서의 이 말은 '추억의 흔적'을 '말끔히' 지워버렸다는 비유적 표현이다. 이 '하얗게'가 다른 텍스트의 '하얀색'과 어떻게 의미의 연계를 가지는지 살펴보자.

> 초겨울 햇살이 유리창을 통해 분해되고 있을 때/순간 무채색으로 아득해지는 시간//시간의 분자들이 내 몸에/마구마구 쏟아져//(…)//머리카락, 눈썹, 몸털이/검은 윤기를 잃고 하얗게 말라가며/먼지가 되어 날아다니고 있어//기억과 마음도 허연 버짐으로 번져 가며/바람 한 번에 홀홀 흩어지고//목소리에도 흰 공백이 넓어져/채 씹히지 않은 말들이 허공처럼 걸림이 없고//나이가 든다는 건,/보호색인 하얀색을 띠는 걸까//(…)//뜨거운 사랑을 움켜쥐었던 욕망도/고운 흰색으로 채색되어 남기는 거지

- 「나, 라는 이상한 카멜레온이 되다」 부분

　초겨울 햇살이 비칠 때 "순간 무채색으로 아득해지는 시간"을 지각한다며 작품은 문을 연다. '무채색'은 명도 차이는 있으나 색상과 순도가 없는 색을 말한다. 즉 흰색·회색·검은색 따위가 되며 앞 작품의 "하얗게"는 바로 이 무채색에 해당된다. 이 작품에는 "하얗게 말라가며", "허연 버짐", "흰 공백", "보호색인 하얀색", "고운 흰색으로 채색" 등과 같이 동일한 '흰색'을 가리키는 말들이 몇 번이나 반복되고 있다 그런데 이 말들은 앞 작품에서 무심한 '시간'이 과거의 흔적을 "하얗게 쓸어놓고" 가는 것처럼 모두 흘러가는 '시간'과 연결된다. 우리는 세월과 함께 절로 나이를 먹는다. "머리카락, 눈썹"이 "하얗게 말라가"고, "기억과 마음"도 "허연 버짐으로" 흩어지고, 목소리도 "흰 공백이 넓어져" 허공에 걸림이 없다. 화자는 "나이가 든다는 건,/보호색인 하얀색을 띠는 걸까" 자문하고 있다. 하얀색은 밝기만 있을 뿐 색조色調도 채도彩度도 없는 무채색이다. "뜨거운 사랑"도 "움켜쥐었던 욕망"도 다 놓아버린 무채색의 하얀 노인을 공격할 어떤 적이 있을 것인가. 하얀색이 보호색이 된다는 말은 타당하다. 화자는 우리 인간의 삶이 결국은 그저 "고운 흰색으로 채색"되어 남는 것 아니겠냐고 허무한 심회를 토로하며 작품의 문을 닫는다.

그런데 이 마지막 말에는 아이러니가 작동하고 있다. 채도가 없는 '흰색' 자체는 빨강이나 파랑처럼 고울 수가 없다. 또한 아무리 칠해도 그저 '흰색'일 뿐 결코 '채색'이 될 수는 없기 때문이다. 덧없는 인간의 생에 대한 경험적 진리의 역설적 발화가 아닐 수 없다.

우리는 두 텍스트에 나타나는 "하얀색"에 대한 의미체계의 연관을 살펴보며 '상호텍스트성'의 글쓰기를 파악하였다. 외에도 많은 텍스트들이 상호관련을 맺고 있다. 대표적인 한 예만 더 살펴보자. 늙어 "보호색인 하얀색"을 뒤집어쓰고 사라져가는 '인간(Human)'은 다른 동물과 구분하여 '인류'라고도 부른다. 그리고 이 인류의 학술적 명칭이 시제로도 등장하는 「호모 사피엔스 사피엔스」다. 이 말은 '불'과 '언어'를 사용했던 20만 년 전의 '호모 사피엔스'('네안데르탈인'으로도 불림)에서 유래한 것으로, 4만 년 전에 출현한 '현생 인류'의 직접적인 조상의 명칭이다. 물론 이 명칭은 인간은 신에 의해 창조된 것이 아니라 '자연도태'와 '적자생존'의 법칙에 의해 자연적 기원 속에서 진화한 것이라는 '진화론'에 의거한 것이다. 이 시에는 우리가 사는 이 땅과 우리 자신들이 "블랙홀로 부딪치고 성운이 폭발"한 뒤 "수백억 광년의" 시간을 거쳐 형성되었음을 묘사하고 있다. 이를 생각하면 우리는 '순간'을 살다 '먼지'처럼 사라지는 존재일 뿐이다. 작품은 '자신의 죽음을 기억하라'는 뜻을 가진 라

턴어 "메멘토 모리"로 결미를 맺고 있다. 이 결미는 또 다른 시제「카르마」와 손잡는다. 이 말은 '업業'이란 뜻의 산스크리트어로 불가에서는 전세의 소행으로 말미암아 현세에서 받는 응보로 설명된다. 화자는 이 작품에서 "어느 생에선가 우리는 만나"게 되었는지, 그때 "당신은 허공에 흘러 다니는 구름"은 아니었는지 '업'과 관련한 감상적인 질문을 던지고 있다.「호모 사피엔스 사피엔스」와 "메멘토 모리", 그리고「카르마」라는 외래어는 이처럼 인간의 삶과 죽음과 운명에 대한 연결고리가 되어 상호텍스트성으로 작용하고 있는 것이다.

참고로 작품집에는 수많은 외래어들이 견인되고 있다. 1부의 시제만 봐도 위의「호모 사피엔스 사피엔스」,「카르마」를 비롯하여「노매드」,「링크를 걸다」,「남은 레시피 joy」 등이 있고,「의견 진술서」에는 'CORONA19'라는 부제가,「종이비행기」에는 'No. H81109'라는 부호가 달려 있기도 하다. 그러하니 작품들 본문에는 얼마나 많은 외래어들이 있을 것인가. 이런 말들 또한 '탈경계', '탈중심'을 추구하는 포스트모더니즘의 몸짓으로 보인다.

5
다시 원래의 앞 작품으로 돌아가 이번에는 작품의 미학

적 효과에 관한 논의를 계속하기로 하자.

문학 연구가들은 작가의 '어조(tone)'에, 그중에서도 특별히 '아이러니'에 관심을 갖는다. '시침이 떼고 꾸며대기'라는 어원을 가진 아이러니는 지금은 매우 넓은 의미로 해석된다. 축소, 과장, 대조, 조소 등 일상에서도 사용되는 표현기술은 물론 패러디(parody), 펀(pun), 역설 등도 모두 아이러니로 간주되고 있다.

앞에서 "고운 흰색으로 채색"된다는 말에는 이미 아이러니가 작동하고 있다고 언급한바 있다. 화자는 갈매기 소리에 자신이 바다에 온 것으로 착각하고 "비어 있음의 가득함"을 느끼고 있다. 비어 있는데 가득하다는 것은 그야말로 대단한 '역설(paradox)'로 모순되고 불합리하게만 들린다. 그러나 화자는 바다의 풍요로움에 "멈춘 시간"도 가득 "허공에 풀어 놓은" 느낌의 상태에 있다. 살다보면 우리는 행복의 감정에 따라 '안 먹어도 배부를 때'처럼 '빈 것'도 '찬 것'으로 보일 때가 얼마든지 있지 아니한가.

또한 화자는 "또아리 틀고 있던" 기억이 슬그머니 "구겨진 파랑"으로 들어가 버렸다고 토로한다. '파랑'은 파란 빛깔을 말한다. 우리는 쉽게 '구겨진 파랑'을 '물결치는 푸른 파도'로 인식하게 된다. 그러나 '파랑波浪'은 또한 작은 물결과 큰 물결 자체를 가리키는 말이기도 하다. 동음이어의 '펀'의 기법이 사용되고 있는 경우다. '펀'은 원래 일종의 언어유희에서 비롯된 것으로 일차적으로 '기지(wit)'의 형식으로 표출되지만 해학을 위해서라기보다는 다중의 의미와 진지한 감정의 유동을 표출하는 데 사용되는 중요한 문학적 기법이다. 이번에는 유음이어의 '펀'이 빼어나게 창출되고 있는 작품 하나를 보자.

> 측은하고 애달픈 여름이 구름 속으로 걸어간다/메말라 비틀어진 내 얼굴이 보인다//(…)//반짝이며 부서져 버릴 유리병/자신을 책망하듯 짧은 신음을 뱉는다//(…)//운수가 문틈으로 거침없이 톡톡 튀기며/녹색의 베짱이가 들어왔다//베짱이는 배짱이다
> ―「운수 좋은 날」 부분

일단 시제가 「운수 좋은 날」이니 화자의 기분도 매우 좋은 날이 될 것이다. 그러나 작품은 "측은하고 애달픈" 구름 속에 "메말라 비틀어진" 자신의 얼굴이 보인다는 화자의 우울한 정조를 묘사하며 시작된다. 게다가 화자는 "자신을 책망하듯 짧은 신음"까지 뱉고 있는 상태다. 바로 이때 "녹색의 베짱이가" 문틈으로, 게다가 몸을 "거침없이 톡톡 튀기며" 들어온다. 여기서 "녹색의 베짱이"는 그대로 인간 능력을 초월하는 '좋은 운수'를 비유하는 매개물이 된다.(베짱이가 '녹색'이란 점에 또한 시선이 간다.) 거침없이 몸을 튀

기며 들어오는 베짱이의 모습은 굽히지 않는 당당한 태도다. 즉 배짱 있는 태도인 것이다. 화자는 부르짖듯 기막힌 발화를 한다. "베짱이는 배짱이다"

'베짱'과 '배짱'은 음성학적으로 거의 같은 소리의 '유음이어'다. 낱말의 '소리'에 대한 관심을 토대로 발생한 이러한 '편'은 풍부한 기지와 날카로운 어조로 작품의 '심미적 체험'에 결정적 요소로 작동하게 된다. '베짱이는 배짱'이라는 놀라운 편을 만들었으니 확실히 화자에게는 「운수 좋은 날」이었음에 틀림없다.

6

시는 '소리와 의미의 유기적 결합'이라고 말이 있을 정도로 시에 있어 소리나 음악성은 의미적 내용에 못지않게 중요하다. 시인은 이런 음악성을 위해 작품 전체에 '리듬'을 싣는 방법을 찾는다. 리듬은 규칙적인 반복에서 발생한다.

제법 긴 편인 작품이지만 전체적으로 동일한 종지형이 약간 변화와 함께 반복되고 있다. 즉 "구겨지기 시작했어", "소리를 내기 시작했어", "들어가 버렸어"와 같은 종지와, "없어지기도 했지", "마르게 하는 거지", "말들이지"와 같은 종지와, "풀어 놓은 거야", "한계였던 거야"와 같은 종지가 교차되며 반복되고 있다. 이처럼 동일한 종지형이 반복·

병치되면 작품의 음악성은 자연스럽게 살아난다. 이는 다른 작품들에서도 마찬가지로 나타나는 현상이다. 그중 한 예로 표제작 「링크를 걸다」에서도 "달아났다고 생각했어", "팽창된 시간이었어", "그 자리에 서 있어", "손을 내밀어", "날개를 퍼덕여"와 같은 형의 종지와, "주었다며 좋아했지", "쉽게 잃어버렸지", "운명이 되었지"와 같은 형태의 종지형이 반복되고 있음을 보게 된다. 그리하여 야기되는 리듬은 그 자체로 우리에게 즐거움을 주는 동시에 정서를 배가시키고 그것을 효과적으로 드러내는 역할을 수행하고 있는 것이다.

 여기서 시인의 이런 독특한 어법에 대해 언급하고 넘어갈 필요성을 느낀다. 그는 대상을 표현하고 자신의 견해를 표출하되 '-했다'와 같이 단언적이고 결정적인 종지형의 발화를 삼간다. 대신 '-했어', '-했지', '-한거야'와 같이 약간 비켜서는 겸양의 자세를 취하고 있다. 마치 앞에 있는 상대방에게 말하고 있는 느낌이 든다. 시인은 여러 작품에서 자신의 실존적 고뇌에 대한 내면의 사유를 토로하고 있다. 시인은 상식에 의한 일반적·평면적 결정과 이에 따른 단정적인 어법을 유보하고 대신 비켜서서 독자와 함께 자신의 사유를 교환하는 어법을 취하고 있는 것으로 보인다. 미덕이다.

7

  작품 몇 편을 읽지도 못했는데 지면만 낭비하고 있는 느낌이다. 몇 작품에만 집중한 까닭이 있다. 바로 이들 작품에는 이은수 시의 여러 '포스트모던'한 글쓰기 특징들과, 언어의 선택과 운용 등 문학의 형식적 요소의 표현기법들이 잘 드러나고 있다고 생각되었기 때문이다. 다른 작품들도 이런 방식으로 읽는다면 큰 대과는 없을성싶다.

  다루고 싶은 빼어난 작품들이 여럿 있었지만 그렇지 못해 아쉬움이 크다. 정감이 가슴을 파고드는 시 하나를 짧게, 일부만이라도 소개하며 글을 마감하고자 한다.

    당신은 멀어지고 내가 흘러갔다

    강물을 가득 담은 지상의 풍경들이
    수평선 위에 절정으로 일어서더니
    달로 건너가 고요의 바다를 채운다

                                        -「시절인연」 부분

미네르바 시선 067

링크를 걸다

초판 1쇄 발행 | 2022년 08월 10일

지 은 이 | 이은수
펴 낸 이 | 신정윤
펴 낸 곳 | **지성의 상상 미네르바**
등록번호 | 제300-2017-91호
등록일자 | 2017. 6. 29.
주　　소 | 03131 서울특별시 종로구 율곡로 6길 36,
　　　　　월드오피스텔 802호
전　　화 | 02-745-4530
전자우편 | minerva21@hanmail.net

ISBN 979-11-89298-41-8 (03810)

값 10,000원

* 이 책은 전부 또는 일부 내용을 재사용하려면 반드시 저작권자와 미네르바의 동의를 받아야 합니다.
* 이 도서의 국립중앙도서관 출판시도서목록은 서지정보유통지원시스템 홈페이지(http://seoji.nl.go.kr)와 국가자료공동목록시스템(http://www.nl.go.kr/kolisnet)에서 이용하실 수 있습니다.